attribué à : Saint-Marc Girardin
(duc Barthélemy)

LA CAPITULATION DE METZ

Extrait du *Journal des Débats*; 20 et 21 Juin 1871.

CORBEIL
TYPOGRAPHIE DE CRÉTÉ FILS
—
1871

LA
CAPITULATION DE METZ

Le récit qu'on va lire a été fait par un garde mobile attaché à l'état-major général de l'armée du Rhin, qui, parti de Paris le 24 juillet 1870, a vu se dérouler devant lui l'épisode entier de la capitulation de Metz. Les révélations que M. le général Trochu a faites, ces jours derniers, à l'Assemblée nationale sur ce qui s'est passé à Paris du 10 août au 4 septembre trouveront ici leur pendant dans les négociations de Metz.

Notre intention n'est pas de raconter les événements militaires à la suite desquels l'armée de Metz se trouva ramenée le 19 août sous les murs de cette ville, sa première étape vers la captivité. Le maréchal Bazaine reçut le commandement de l'armée par décret impérial du 12 août. Dans cette première période, du 12 au 19 août, il s'y est trouvé la part ordinaire du bien et du mal inhérent à tout ce que font les hommes, et il n'y a rien là, en somme, qui mérite d'être entièrement glorifié ou entièrement accusé. La justice oblige même à ajouter que, vu la gravité des circonstances, le bien qui a été accompli dans cette première période a dépassé le mal qui n'a pas été évité.

Qu'on se souvienne du 16 août, de la bataille de Rezonville. Le maréchal a eu là son quart d'heure de gloire. A 8 heures du soir, quand, malgré le retour offensif de l'armée prussienne, la position de Rezonville fut maintenue définitivement, je rappelle au souvenir de chacun ce que disait et pensait alors tout le monde. Aujourd'hui ces impressions se sont dissipées ; ce n'est pas une raison pour les désavouer. Rappelons-les en regrettant leur courte durée. Puisqu'on a pu croire un moment qu'on avait enfin à sa tête un homme capable de sauver la patrie, puisqu'on a pu avoir cette croyance légitime, pourquoi nous refuser aujourd'hui la triste consolation de le dire, et renier nos espérances patriotiques du 16 août ?

Du 19 août jusqu'au jour où parvint la première nouvelle de la catastrophe de Sedan, c'est-à-dire jusqu'au 5 septembre, se place une seconde période d'un caractère singulier. Insignifiante en apparence, elle fut cependant de la plus haute importance, et, à y regarder de près, elle détermina la gravité inouïe des événements. Si nous ne nous trompons pas, le sort de la patrie s'y décida, comme, hélas! se décident souvent la plupart des grands événements de ce monde, sans qu'on s'en doute, et pour ainsi dire à la dérobée.

Les défaites de Wissembourg, de Reichshoffen et de Forbach, tout en étant un début fort malheureux et de très-mauvais augure, n'avaient pourtant pas donné à la guerre ce caractère calamiteux qu'elle prit par la suite. On avait payé et payé fort cher la faute d'avoir disséminé les corps d'armée trop loin les uns des autres, sans aucune prévoyance; mais la patrie n'était pas en danger. Depuis le 6 août, date des deux batailles de Reichshoffen et de Forbach, le mouvement de concentration s'était opéré, plus heureusement même qu'on n'avait osé l'espérer d'abord; et le résultat de cette concentration, en ce qui concernait l'armée de Metz, avait réussi jusqu'à un certain point, puisqu'elle lui avait permis de livrer trois journées de combats, comme ceux des 14, 16 et 18 août. Les batailles de Borny, de Rezonville et d'Amanvillers (1) étaient des succès réels, relativement aux batailles de Wissembourg, Reichshoffen et Forbach. La partie s'engageait donc sérieusement; nous avions perdu la première manche; mais avec l'armée de Metz qui venait de faire ses preuves, les chances étaient à peu près rétablies, et nul n'aurait pu

---

(1) La journée du 18, dans le rapport officiel fait à l'état-major général, porte le nom de *Défense des lignes d'Amanvillers;* dans les récits allemands, celui de *Bataille de Gravelotte.*

à cette heure prédire dans tel ou tel sens la marche ultérieure des événements. La fortune était en suspens; rien n'était encore définitif et irrévocable. Ce fut la période dans laquelle nous entrons qui précipita la catastrophe et perdit tout.

La semaine du 14 au 19, pendant laquelle un combat et deux grandes batailles s'étaient livrés au milieu d'une marche de retraite, avait fatigué et désorganisé l'armée. Les munitions étaient épuisées; les vivres manquaient. Un temps de repos était donc nécessaire, et il eût été irréprochable, si le chef avait employé à prévoir et à se décider le temps qu'il accordait à ses troupes pour se délasser et se réapprovisionner en munitions et en vivres. Si le maréchal Bazaine avait pris son parti pendant ces dernières journées de grâce que lui accordait la fortune de la France, tout changeait de face. Le malheur et son tort furent qu'il ne le prit pas, qu'il laissa aller le temps et les choses, croyant sans doute qu'il serait toujours en mesure d'arrêter les événements et d'exercer plus tard, quand il le voudrait, son influence décisive. Cette erreur fut grosse de conséquences.

C'est alors que nous voyons surgir cette malheureuse idée de la marche des armées françaises vers les places du Nord. Alors se produisent ces fatales dépêches dans lesquelles la régente et ses ministres conseillaient au souverain de compromettre plutôt la France que le trône. L'empereur s'éloigne de la capitale; il fait savoir au maréchal

Bazaine qu'il marche vers Montmédy, et qu'il cherchera à lui donner la main par le Nord. A l'ouverture de ce plan plus dynastique que patriotique, le maréchal Bazaine, indécis sur ses propres projets, répond évasivement qu'il marchera également vers le Nord, si toutefois il peut le faire sans compromettre son armée. Ainsi, d'un côté, un souverain languissant, dirigé de Paris par des considérations plus politiques que militaires, de l'autre, un maréchal inaugurant sous les murs de Metz cette longue indécision dont le dernier terme devait être le 29 octobre, voilà ce qui aggrava nos premiers revers et nous précipita dans des désastres inouïs. Y eut-il plus et autre chose que de l'indécision ? N'entrevoyons-nous pas dès ce moment dans le maréchal Bazaine l'instinct vague et indéterminé d'abord, clair et manifeste après Sedan, de se créer, à lui et à son armée, une situation exceptionnelle, et de jouer un rôle à part ? Après Sedan et la révolution du 4 septembre qui en est la suite, cette pensée se traduit nettement au dehors ; mais je crois qu'on peut en signaler la première trace dès cette époque, non que le maréchal Bazaine ait ainsi dès le début arrêté dans son esprit le plan auquel il se rattacha plus tard ; mais le premier pas était fait.

En vrai soldat du Mexique, on n'était pas fâché de voir venir ; après tout, on s'était bien battu ; seul, parmi les maréchaux de France, on avait tenu tête aux Prussiens : qui sait ce que l'avenir pouvait réserver? Et puis, même au pis aller, avec la finesse qu'on possédait, et en présence de l'universelle débilité, ne serait-il pas toujours temps de remettre la main aux affaires? Pourquoi donc ne pas laisser un délai raisonnable aux chances diverses qui pourraient se produire, et dont on entrevoyait la possibilité, sans pourtant y arrêter sa pensée? En résumé, on se tromperait également en prêtant au maréchal Bazaine une préméditation ou une irréflexion absolue. Selon nous, il a cru que sa conduite, toute de temporisation, n'engageait rien, et qu'au contraire elle réservait tout. Ce fut là sa faute. De ce jour, loin de diriger les événements, ce furent les événements qui le dominèrent.

Le 26, le maréchal Bazaine jugea à propos de faire une tentative de sortie vers Thionville. Tous les ordres furent donnés en conséquence; mais une pluie torrentielle rendit l'épreuve impossible, et l'armée rentra dans ses cantonnements. Les 27, 28, 29 et 30, on laissa les chemins se sécher; et le 31 tout fut disposé pour opérer la sortie de nouveau vers Thionville, ainsi qu'on s'y était engagé jusqu'à un certain point vis-à-vis du maréchal de Mac-Mahon. C'est alors qu'eurent lieu les combats des 31 août et 1er septembre, dits combats de Servigny et de Sainte-Barbe.

Nous ne ferons pas ici le récit de ces combats. Cela n'est ni de notre compétence ni de notre sujet. Nous ne nous arrêtons à ces faits purement militaires que pour relever quelques-uns des nombreux commentaires dont ils ont été l'objet et en indiquer le côté, que nous nous attachons de préférence à mettre en lumière dans ce récit, le côté psychologique.

On a beaucoup répété que le maréchal Bazaine n'avait jamais eu l'intention réelle de passer à travers la ligne d'investissement les 31 août et 1ᵉʳ septembre, et que les combats qu'il avait livrés à cette époque n'étaient qu'une satisfaction apparente et purement de forme donnée au maréchal de Mac-Mahon. En un mot, on a donné à entendre que le maréchal Bazaine avait simplement voulu prendre ses précautions en faisant tuer 4 à 5,000 hommes, et préparer ainsi en quelque sorte le dossier de sa défense. A ce compte, dès le 1ᵉʳ septembre, avant Sedan et la révolution, deux choses assurément hors de toutes prévisions, le maréchal aurait déjà prévu quelque chose de plus difficile encore à prévoir, la capitulation de Metz et son propre procès devant la France et devant l'histoire. C'est ici le cas de dire qu'à vouloir trop prouver, on ne prouve rien.

En cette circonstance, comme pour tout ce qui s'est passé dans ce déplorable épisode de Metz, il faut revenir à des idées plus modérées, si l'on veut faire une juste appréciation des choses. Comme il arrive souvent, quand l'événement a été prodigieux, on veut après coup lui trouver des causes proportionnées à sa grandeur, et l'on crée tout un ensemble de précédents qui puissent expliquer la catastrophe. Rien n'est plus faux. Il faut s'habituer en ce monde à ne pas toujours trouver un rapport exact entre les effets et les causes. Aussi, laissant aux hommes de l'art la question purement militaire de savoir si, oui ou non, le maréchal Bazaine devait et pouvait percer les lignes prussiennes le 1er septembre, et les percer avec chance de poursuivre heureusement sa route vers les places du Nord, nous nous bornerons à faire remarquer qu'on peut expliquer de plusieurs façons sa résolution de ne pas traverser les lignes ennemies le 1er septembre, alors même qu'il l'aurait pu faire.

Calculant que le moment était proche où le maréchal de Mac-Mahon ne devait plus être bien loin, le maréchal Bazaine a pu vouloir faire une diversion, afin de retenir autour de Metz le plus d'ennemis possible et en épargner d'autant à son collègue. Peut-être aussi voulait-il tâter simplement le terrain et reconnaître la ligne d'investissement au nord, dans l'espérance de surprendre le point faible de l'ennemi et d'en profiter. Dans le rapport officiel qui fut fait de ces deux affaires du 31 août et du 1er septembre, on lit en effet ce qui suit : « La situation que j'avais dû faire prendre à l'armée autour de Metz, à la suite du combat du 18 août, ne pouvait être que transitoire, et j'avais dû me préoccuper de suite des moyens de lui rendre sa liberté d'action, en rétablissant les communications avec le dehors, et rouvrant ainsi le champ des opérations en rase campagne. Pour atteindre ce but, il fallait d'abord contraindre l'ennemi à déployer devant nous les forces qu'il avait laissées autour de Metz, et dont nous ne connaissions pas le chiffre, puis agir vigoureusement sur un des points de sa ligne pour la percer et nous rabattre dans la direction qui pouvait me paraître la plus avantageuse. » Et plus loin : « Le point (Sainte-Barbe) que j'avais ainsi choisi avait le double avantage de briser complétement la ligne ennemie, et de donner le change aux généraux prussiens, qui pouvaient supposer que mon intention était de me diriger sur un des points de leurs lignes d'opérations, tels que Pange, Faulquemont, Remilly, tandis que j'avais prescrit à toutes les troupes de se porter, aussitôt après la prise de Sainte-Barbe, sur la direction de Thionville par les deux routes de Kédange et de Bettlainville. » Qu'on dise, au point de vue militaire, que la sortie vers Thionville n'était pas heureuse, et qu'après l'avoir tentée et presque obtenue, il a été encore moins heureux d'y renoncer, soit, c'est ce que nous avons en maintes occasions entendu répéter. Mais aller plus loin, c'est sortir de la vérité ; c'est méconnaître la réalité des faits, qui sont généralement beaucoup plus simples qu'on ne le croit.

On en était encore aux combats de Servigny et de Sainte-Barbe, quand le 5 septembre la première nouvelle de Sedan parvint à l'état-major général ; mais ce fut le 7 septembre seulement que les détails de la catastrophe furent donnés par des prisonniers français échangés. On connut alors la réalité des choses : la capitulation de l'armée et la captivité de l'empereur. Nous n'avons garde ici de prononcer un jugement téméraire sur ce qui se passa dans l'âme de chacun à la nouvelle de ce premier grand désastre de nos armes. Ce que nous pouvons dire en toute impartialité, c'est que la défaite nationale frappa bien plus vivement l'esprit de chacun que la fin de l'empire. La chute impériale était chose déjà faite dans l'esprit de tout le monde.

Le 14 août, quand l'empereur sortit en voiture de l'hôtel de la préfecture à Metz, ce fut du consentement unanime de chacun qu'un des officiers de l'état-major général put appeler tout haut ses camarades à venir voir le départ de Fontainebleau. Cette évocation, où tout était, sauf le grand acteur, ne surprit personne, tant elle était en situation! Aussi, dans cette nouvelle de Sedan, sans s'arrêter davantage au fait de la prise de l'empereur, on ne vit qu'une chose, c'est qu'une armée française avait capitulé! Que de pensées, que de souvenirs doublement douloureux réveille cet horrible mot! Pourquoi faut-il que je me rappelle aujourd'hui toutes les colères patriotiques qui se firent jour alors dans les conversations? Par quelle ironie cruelle la fortune permit-elle qu'à sept semaines d'intervalle on s'exprimât à Metz sur le chapitre des capitulations comme on le fit! La journée du 7 septembre ouvrit l'ère de ces longues et mauvaises journées qui se déroulèrent successivement au Ban-Saint-Martin jusqu'au 29 octobre. Quel aspect devant la porte de l'état-major général que celui de ces cinq cents Français qui nous revenaient dans la boue, exténués et mourants de faim, sous ce ciel bas enveloppant la scène de son horizon nuageux et froid, pour nous raconter sourdement par la pluie l'affreuse catastrophe ! De ce jour, j'ose le dire, le Ban-Saint-Martin fut un lieu maudit ; de ce moment, il prit cette physionomie lugubre dont nos derniers regards ont emporté l'image, avec ses chevaux morts, ses voitures brisées, son sol inondé de boue, ses troncs d'arbres décapités : cadre sinistre ; théâtre de la désolation et de la honte.

Le 7 septembre, on avait appris la capitulation de Sedan et la chute de l'empire ; le 10, on apprit que la République était proclamée, et que le général Trochu, gouverneur de Paris, avait la présidence de la défense nationale. Quelles pensées, quels sentiments ces deux nouvelles firent-elles naître chez le maréchal ? En consultant mon carnet de notes, voici l'aspect général du moment tel que je le retrouve. L'annonce de la République fut au premier abord l'occasion d'un singulier mouvement d'idées. Chacun en ressentit l'impression que ses opinions et ses tendances devaient naturellement lui faire éprouver. Les uns en furent irrités ; la plupart, plutôt satisfaits de ce changement, l'accueillirent d'ailleurs comme un événement naturel et rentrant tout à fait dans l'ordre historique des choses humaines. Mais le résultat général pour les uns comme pour les autres fut dans le moment de faire oublier la guerre, ou du moins de la reléguer au second plan. La République prima la guerre pendant deux ou trois jours. D'abord on alla jusqu'à espérer que c'était la fin des hostilités. La proclamation du roi Guillaume, disait-on, déclare en toutes lettres que le peuple allemand ne fait qu'une guerre purement défensive ; le peuple français y est soigneusement mis à part et distingué de l'empereur Napoléon. Aujourd'hui que l'empereur est prisonnier, la guerre va par conséquent cesser. C'était s'abuser étrangement sur la nature réelle des sentiments allemands ! Ceux qui soupçonnaient davantage la gallophobie prussienne, sans croire que M. de Bismark s'arrêterait parce que M. de Gramont était remplacé au palais du quai d'Orsay par M. Jules Favre, imaginaient cependant que l'Europe tiendrait quelque compte de ce changement, et saurait obliger la Prusse à en tenir compte également. Nouvelle illusion, plus cruelle que la première dans sa déception, parce que cette indifférence de l'Europe montre que le dix-neuvième siècle touche encore au temps de la barbarie, avec l'hypocrisie de plus, et qu'il a traversé la civilisation, comme une école de rhétorique, et non comme une école de morale.

Si le maréchal Bazaine a jamais cru qu'il avait

enchaîné la fortune à son char, c'est assurément le jour où il s'est vu, au milieu de l'écroulement de l'Empire, et en face d'une République encore problématique, maître absolu d'une armée de 150,000 soldats, suffisamment victorieux des Prussiens. Possédant en sa main un tel élément de force contre l'étranger et un tel élément d'ordre à l'intérieur, il put se flatter, à la vue du rôle qui semblait l'attendre, que son habileté était récompensée et ses calculs couronnés de succès. La politique de prudence et de temporisation lui avait tenu ce qu'il s'en promettait tout bas ; il devenait le premier dans sa patrie, et cela dans des circonstances solennelles. A coup sûr, la fumée de pareilles pensées dut monter au cerveau du maréchal ; et nous serions loin de l'en blâmer, s'il avait su faire tourner une pareille situation à son propre honneur et à l'honneur de la France. La situation du maréchal Bazaine était grande en effet à cette date des 10, 12 et 15 septembre. Un soldat patriote eût pu l'envier. Sortir de Metz et abriter dans les Vosges la grande armée nationale de la France, prêter ainsi à son pays une nouvelle autorité pour demander une paix honorable ou pour déclarer une guerre implacable, voilà, certes, une perspective digne d'inspirer un homme.

Ce plan si simple n'apparut pas cependant aux yeux du maréchal, ou, s'il lui apparut, son habileté le dédaigna. Le maréchal attendit. Il voulut jouer au plus fin avec les événements, et il perdit la partie, ainsi qu'il arrive en pareil cas quand on est pris dans ses propres filets et qu'on devient la dupe de ses propres finesses.

Cependant les événements se précipitaient. Les négociations entre M. de Bismark et M. Jules Favre étaient rompues, et ce dernier décrétait la guerre nationale en réponse à une cession de territoire. Le général Trochu mettait Paris en état de défense, et les provinces organisaient la résistance. C'est dans le même temps que Metz et l'armée campée sous ses murs commencent à suivre de nouvelles voies. La secousse qui ébranle le pays entier reste sans commotion dans ce malheureux coin de terre que le calcul des uns, l'insouciance des autres, le manque d'initiative chez tous laissent isolé dans le mouvement général. Ainsi fut donné cet étrange spectacle d'une armée devenue inerte quand tout s'agite, et de soldats devenus des politiques quand ailleurs les politiques deviennent des soldats. Ainsi s'engagea ce que j'appellerai la politique séparatiste de l'armée de Metz ; séparatiste, parce que le maréchal Bazaine resta stationnaire quand les autres marchaient. Ce que le maréchal aurait dû voir à l'instant, c'est qu'à ne pas suivre le courant il le remonterait bientôt ; c'est enfin, qu'à ne pas saisir l'occasion d'être l'homme du présent et celui de l'avenir, il se condamnait fatalement à devenir celui du passé : rôle qui peut-être n'était pas précisément celui qu'il s'était tout d'abord assigné, le jour où il avait reçu la première nouvelle de la captivité de l'empereur. Qui lui eût dit tout cela eût été taxé de folie, surtout si le même homme avait ajouté que cette politique séparatiste, qui semblait dans le principe innocente et habile, devait avoir pour résultat nécessaire d'enfermer le maréchal dans cet odieux dilemme, dans cette alternative inexorable : la guerre civile ou la capitulation. C'est en effet à ces douloureuses extrémités que le maréchal Bazaine, désormais entraîné à la dérive, se trouva bientôt réduit.

La nouvelle des événements de Sedan, et de ceux qui en avaient été le contre-coup à Paris, était depuis plusieurs jours le sujet de toutes les conversations. Le 12, le maréchal, jugeant qu'il ne pouvait rester plus longtemps dans le silence, convoqua un grand conseil, composé des chefs de corps et des généraux de division. Il leur dit dès le début que s'il les avait réunis, ce ne n'était pas qu'il eût rien à leur apprendre sur les nouvelles qui circulaient et qui n'étaient un mystère pour aucun d'eux. Il n'avait reçu aucune communication officielle, et ne savait à ce sujet que ce que savait tout le monde. M. le général Deligny, dans sa brochure, rend compte en ces termes de ce conseil auquel il assistait :

« Le maréchal fit lui-même lecture des renseignements recueillis, puis il exprima en quelques paroles, prononcées sans assurance et comme incidemment, sa volonté de demeurer dans le *statu quo.* « Messieurs, dit-il, vous comprenez bien que

« je ne veux pas m'exposer à subir le sort de Mac-
« Mahon ; conséquemment, nous n'entreprendrons
« plus désormais de grandes sorties ; chacun de
« vous se chargera de faire de petites opérations
« de détail en avant de son front, afin de tenir la
« troupe en éveil et de montrer à l'ennemi que
« nous ne sommes pas morts. Je ne puis être par-
« tout ; je m'en rapporte aux commandants de corps
« d'armée ; je les laisserai juges de l'opportunité
« d'ordonner ces sortes d'opérations. Nous atten-
« drons ainsi les ordres du gouvernement. »

Voici maintenant en quels termes le maréchal s'adressa à ses troupes dans l'ordre général en date du 16 septembre :

« D'après deux journaux français des 7 et 10 septembre, apportés au grand quartier général par un prisonnier français qui a pu franchir les lignes ennemies, l'empereur Napoléon aurait été interné en Allemagne après la bataille de Sedan, et l'impératrice ainsi que le prince impérial ayant quitté Paris le 4 septembre, un pouvoir exécutif, sous le titre de Gouvernement de la défense nationale, s'est constitué à Paris. Les membres qui le composent sont MM. le général de division Trochu, gouverneur de Paris, président ; Jules Favre, Garnier-Pagès, Gambetta, Crémieux, Arago, Pelletan, Jules Simon, E. Picard, Jules Ferry, Rochefort, Glais-Bizoin.

« Généraux, officiers et soldats de l'armée du Rhin :

« Nos obligations militaires envers la patrie en

danger restent les mêmes. Continuons donc à la servir avec dévouement et la même énergie, en défendant son territoire contre l'étranger, l'ordre social contre les mauvaises passions. Je suis convaincu que votre moral, ainsi que vous en avez déjà donné tant de preuves, restera à la hauteur de toutes les circonstances, et que vous ajouterez de nouveaux titres à la reconnaissance et à l'admiration de la France. »

C'est de cette façon discrète et impersonnelle que la proclamation de la République à Paris fut portée le 16 septembre à la connaissance des soldats. Tout se borna là. On se reprit à vivre sous la République comme on vivait auparavant sous l'Empire. Les journées monotones se succédèrent les unes aux autres au milieu de l'engourdissement général. Que faisait-on? quel rôle serait le nôtre dans la terrible partie qui se jouait? On semblait s'en préoccuper fort peu, ou du moins chacun en parlait comme d'une chose qui ne le regardait pas. Jamais peut-être situation plus critique ne fut supportée plus patiemment. Ces Français, d'ordinaire si prompts à l'action, demeuraient mornes et apathiques en face des événements les mieux faits pour exciter leur ardeur : une invasion et une révolution. Hélas! on ne vit là que trop clairement les fruits du régime impérial : une armée prussienne en France, et en face une armée française sans énergie. Comme on sentait durant ces longues et mauvaises journées l'état de décadence où on était tombé ! Quelle diminution de vie ! Voilà cependant où avait conduit cette funeste habitude de ne plus rien faire par soi-même. Tous attendaient une impulsion qui ne venait pas. On discutait dans le vide ; nulle conclusion dans les discours, nulle initiative dans la conduite. Après tout, rien ne regardait personne, et personne n'était responsable de rien. Cet aiguillon que l'habitude et la liberté d'agir mettent au cœur des hommes, cette loyale confiance à prendre sur soi la responsabilité que comportent les événements, n'excita ni n'inspira personne. On était façonné à une plus humble besogne.

Le 25 septembre, une dépêche adressée à M. le général Desvaux, commandant la division de cavalerie de réserve, l'appelait au commandement de la garde impériale.

La dépêche était ainsi conçue : « ... Vous devez prendre le commandement de la garde, en l'absence de M. le général Bourbaki, en mission. » Cette dépêche est le point de départ de la politique impérialiste du maréchal Bazaine. Il arrivait ce qui était, hélas ! à prévoir, c'est que le maréchal, pour n'avoir pas adopté dès le début la grande cause de la défense nationale, était amené à n'avoir plus qu'une politique personnelle. Après le désastre de Sedan, le nœud de la situation était à Metz. A Metz, et entre les mains de Bazaine, était la principale force de la France. Après la proclamation de la République, et surtout en présence de la défense de Paris, les rôles étaient changés. Metz devenait secondaire. Le premier rang était revenu à Paris.

L'erreur du maréchal Bazaine fut de ne pas se rendre un compte exact de ces différents degrés d'importance que telle ou telle date donnait ou retirait à son armée ; et sa faute, quand il eut senti le changement de la situation, fut de ne pas s'y conformer. Il cessa la guerre, pour ainsi dire, et entama des pourparlers, quand la France, au contraire, déclarait la guerre pour elle-même et rompait toute négociation. Voilà quelle fut sa faute, dont l'expiation fut grande, puisqu'elle amena l'échec du diplomate et la capitulation du soldat.

Cependant la nouvelle que le général Bourbaki était parti en mission et le fait de son remplacement dans le commandement de la garde faisaient parler. Le maréchal l'avait-il envoyé à Paris pour se mettre en communication avec le gouvernement de la République, ou, au contraire, à Wilhelmshœhe pour s'aboucher avec son ancien souverain ? Enfin était-ce par hasard au quartier général du roi de Prusse, à Versailles, et auprès de M. de Bismark que le général Bourbaki se rendait, muni des pouvoirs du maréchal Bazaine ? Justement émus d'une pareille éventualité, plusieurs généraux se rendirent au grand quartier général, où, dans l'entretien qu'ils eurent avec le maréchal, ils obtinrent l'engagement sur l'honneur qu'il ne ferait jamais de capitulation, et le serment qu'il n'avait jamais eu ce projet. Rassurés dans leur conscience de soldats, les généraux quittèrent le maréchal sur ces paroles.

Celui-ci, informé que le général Bourbaki n'avait pas poursuivi la mission qui lui avait été confiée, fit partir le général Boyer pour Versailles, le 10 octobre. Le général devait s'entretenir avec M. de Bismark de la régence de l'impératrice, et s'assurer des dispositions du gouvernement prussien à cet égard. Le sort en était donc jeté. En vain, dans le conseil du 10 octobre, qui assumait la responsabilité de la démarche du général Boyer auprès de M. de Bismark, M. le général Coffinières de Nordeck, commandant supérieur de la place de Metz, faisait entendre ces judicieuses observations, qu'il rapporte ainsi dans sa brochure : « A la suite de quelques considérations politiques, je fis observer que le Gouvernement de la défense nationale avait convoqué une Constituante, et qu'on devait attendre cette nouvelle manifestation de la volonté nationale ; que si l'Empire conservait ses adhérents, il serait acclamé de nouveau ; mais que le plus mauvais service qu'on pourrait lui rendre serait de le restaurer par les baïonnettes françaises et prussiennes ; qu'on ne pouvait pas considérer comme non avenus la captivité de l'empereur et le départ de l'impératrice ; qu'il me semblait étrange que le roi de Prusse ne voulût traiter qu'avec la régence, puisque ses premières proclamations disaient qu'ils ne faisait la guerre qu'à l'Empire ; qu'il n'était pas admissible que les Prussiens nous laissassent rentrer en France pour rétablir l'ordre, et que ces ouvertures n'étaient qu'un leurre pour nous faire arriver à l'extrême épuisement de nos faibles ressources. » Il eût été à désirer que le conseil prît en sérieuse considération cette appréciation de la situation. Il n'en tint aucun compte; et c'est ainsi que l'armée de Metz déserta définitivement la lice, alors que toute la France s'y jetait.

Ce fut le 17 octobre que le général Boyer fut de retour au quartier général du maréchal Bazaine. Aussitôt d'étranges rumeurs se répandirent dans le camp et dans la ville. Rochefort parcourant les campagnes à la tête d'une bande de pillards; Rouen, Caen et le Havre sollicitant du roi de Prusse la faveur d'une garnison prussienne pour faire la police des rues; la délégation de Tours fuyant devant les Prussiens vainqueurs près d'Orléans, et réfugiée à Pau; Lyon et Marseille arborant le drapeau rouge et donnant l'exemple de Communes révolutionnaires; voilà en substance ce qui se répétait partout. L'anarchie et la décomposition absolue du pays fut sur-le-champ chose accréditée et tenue pour certaine. Le général de division l'avait dit aux généraux de brigade, qui l'avaient répété aux colonels, lesquels n'étaient tenus en aucune façon de tenir caché que tout allait au plus mal et que le désordre était universel; si bien qu'il n'y aurait peut-être rien d'étonnant à ce qu'un nouveau rôle à jouer s'apprêtât pour l'armée. On ne savait rien de positif à cet égard; mais enfin telle combinaison pouvait survenir, au moyen de laquelle les Prussiens laisseraient passer l'armée française pour rétablir l'ordre en France. Voilà un échantillon des idées courantes qui s'acclimataient et qu'on prenait soin d'acclimater dans tous les corps d'armée. Je relis mon journal de notes à cette date, et j'y trouve ce qui suit : « Il n'y a plus à en douter ; le plan se développe ; nous assistons à la confection d'un *pronunciamiento*. En bas, on fait entrevoir aux soldats le terme de leurs souffrances : bientôt ils sortiront de leur campement de boue ; ils n'auront plus à souffrir de la famine. Comment sortiront-ils ? Quel sera le but et quelles seront les conditions de leur sortie ? Nul ne le dit, nul ne le sait ; mais nul ne songe à le demander. Avec cette insouciance du Français qui en fait par moments le peuple le plus docile, nul n'interroge l'avenir. Ils ne voient qu'une chose, c'est que cette odieuse stagnation de deux mois dans la boue et dans la famine touche à sa fin, et cela leur suffit. L'armée, en un mot, ne pense plus ; elle a faim. Voilà pour les soldats. En haut, le système est le même, la forme seule est différente. On s'étend vis-à-vis des officiers sur la profonde anarchie du pays ; on commente l'enseignement qui ressort de ce fait, que Rouen, Caen et le Havre ont demandé des garnisons prussiennes ; on parle de la société menacée, et on laisse conclure qu'il la faut sauver. Pour les uns, c'est prêcher des convertis ; parmi les autres, l'influence du commandement et de l'avancement en convainc chaque jour quelques-uns. »

Sur quel fondement cependant reposait cette combinaison de la régence, que le général Boyer, revenu de Versailles le 17 octobre, allait le 19 à Hastings proposer à l'impératrice, au nom du maréchal Bazaine et du consentement, disait-on, de M. de Bismark? Ce dernier point était, en effet, de la dernière importance. C'est ici le lieu de raconter le récit qui circulait sur l'entrevue du général Boyer avec M. de Bismark, au grand quartier général du roi de Prusse à Versailles.

Introduit auprès de M. le chancelier de la Confédération du Nord, le général Boyer, après quelques considérations, lui aurait demandé à quelles fins tendait sa politique, quel but il se proposait, en un mot ce qu'il voulait que fût le résultat de la guerre. A cela, M. de Bismark aurait très-ouvertement répondu que sa politique était bien simple: que les Français feraient ce qu'ils voudraient; que, pour eux, ils étaient sûrs de Paris : ce n'était qu'une affaire de temps. — Les Français ont pris Rome sans nuire à ses monuments; les Prussiens feront de même pour Paris. Paris est une ville d'art, où rien ne sera détruit. — Je n'ai rien à répondre, aurait continué M. de Bismark, aux diverses considérations que vous me présentez. Vous êtes, dites-vous, à Metz le seul élément d'ordre qui reste en France; seule, l'armée du maréchal Bazaine peut rétablir un gouvernement, et le soutenir. — S'il en est ainsi, constituez-le, ce gouvernement; nous ne nous y opposons pas, et même nous vous en donnerons la faculté. Le maréchal se rendra dans une ville qui sera désignée, avec son armée, et il y appellera l'impératrice. Pour nous, le seul gouvernement de la France est toujours celui du plébiscite du 8 mai ; c'est le seul légal ; c'est le seul que nous reconnaissions. Vous me parlez de la nécessité de mettre fin à une guerre comme celle-ci. Mais avec qui voulez-vous que je traite ? Il n'y a pas de Chambre. J'avais proposé de laisser faire les élections le 2 octobre ; les départements occupés par les troupes prussiennes auraient eu pleine et entière liberté de nommer des députés. On n'a pas voulu. J'ai offert de nouveau la date du 18 octobre ; on a de nouveau refusé. Puis, changeant d'ordre d'idées, M. de Bismark aurait prononcé avec chaleur les paroles suivantes : — Je ne sais pas ce qui adviendra de la France ; je ne sais pas l'avenir qui l'attend. Mais ce que je sais, c'est que ce sera sa honte éternelle, sa honte à tout jamais, dans tous les temps, dans tous les âges, une honte dans toutes les langues d'avoir abandonné son empereur comme elle l'a fait après Sedan. Ce dont rien ne la lavera, c'est sa révolution du 4 septembre. — Enfin, revenant à ce qui était plus spécialement l'objet de l'entrevue, M. le chancelier de la Confédération du Nord aurait répété qu'il ne s'opposerait pas à ce que le maréchal Bazaine et l'armée de Metz reconstituassent un gouvernement.

Voilà les stipulations que, selon les récits du camp, le général Boyer rapportait de Versailles. Tout cela lui avait-il été dit, ou bien avait-il entendu et avait-il cru plus qu'on ne lui avait dit ?

S'était-il trop aisément laissé duper soit par l'habileté de M. de Bismark, soit par la crédulité propre à l'esprit de parti ? Nous ne savons. Seulement nous avons de la peine à croire que le maréchal Bazaine se soit imaginé qu'avec cet expédient, qui n'avait d'autre garantie que la conversation hardie et rusée de M. de Bismark, il allait pouvoir terminer la guerre et conserver en même temps son armée : double avantage, pensait-il, pour le pays et pour lui. C'était à ce jeu qu'il devait, au contraire, perdre son pays, et se perdre lui-même. Comment ne pas comprendre que ni la Prusse ni la France ne se prêteraient à ce qui était tenté, chacune en ce qui la concernait ; que la Prusse ne chercherait dans tout cela que son profit, et que la France se soulèverait contre la restauration impériale ? A supposer même que, las de la guerre et satisfaits du succès obtenu, les Prussiens favorisassent la régence, comment s'aveugler au point de ne pas voir que c'était faire succéder en France la guerre civile à la guerre étrangère, et la guerre civile la plus odieuse, car il faudrait la soutenir au nom de ce même gouvernement qui nous avait perdus ? En arrêtant la guerre par ce moyen, loin d'arrêter l'anarchie, le maréchal la rendait encore plus grande et plus profonde. Mais parmi toutes les considérations qui auraient dû faire repousser au maréchal cet expédient, dont le moindre défaut était de n'être un expédient que pour lui seul, une pensée entre toutes aurait dû le frapper, et le détourner de cette voie tortueuse et dangereuse : c'est qu'il faisait ainsi le jeu de M. de Bismark, c'est qu'il lui donnait la seule carte qui lui manquât, il le tirait du seul embarras qu'il eût alors, l'embarras de la victoire. M. de Bismark sentait, en effet, que la direction des événements lui échappait dès qu'il n'avait plus en face de lui la France impérialiste. De là cette singulière ardeur, qui aurait mis tout autre que le général Boyer sur ses gardes, à recomposer, sans paraître s'en mêler, le jeu qui lui était le plus connu et le plus commode.

Mais poursuivons notre récit. Le 19 octobre, après un conseil dont l'objet fut précisément ce que nous venons de raconter, le général Boyer fut chargé d'aller proposer à l'impératrice la combinaison exposée. La régente viendrait avec son fils se placer au milieu de l'armée de Metz. Une place forte du Nord, Lille, par exemple, deviendrait le siége du nouveau gouvernement. Là se réuniraient aussitôt les diverses fractions du gouvernement impérial, le Sénat et le Corps législatif. On constituerait de cette manière un conseil de régence, dans lequel on essayerait d'introduire quelques noms libéraux ; on en citait même déjà quelques-uns.

Les choses ainsi réglées, les journées des 19, 20, 21, 22 et 23 octobre se passèrent dans cette attente. Les impatients fixaient même déjà le jour du départ pour Lille, quand le 24 au matin on apprit la convocation d'un conseil pour une heure de l'après-midi. La cause de ce conseil inopiné était une lettre du prince Frédéric-Charles au maréchal Bazaine, qui annonçait qu'on ne devait pas attendre plus longtemps le retour du général Boyer, ni s'occuper davantage de la mission dont il était chargé. L'ennemi nous avait amenés de délais en délais au point où il voulait en venir. La fallacieuse habileté de M. de Bismark triomphait pleinement. Il avait trouvé des gens disposés à se laisser tromper volontairement ; il les avait aidés ; et, la chose faite, il remettait à son collègue M. de Moltke le soin de les détromper insolemment, alors que la famine le rendait maître de la situation. La lettre du prince Frédéric-Charles brusquait le dénoûment. Il ne restait plus qu'à paraître ce qu'on était : une dupe humiliée.

Tout, en effet, était fini. Le spectre de la capitulation apparaissait clairement aux yeux de tous. Le 25, un nouveau conseil eut lieu. Le résultat en était connu d'avance. A cette heure, il n'y avait plus moyen de faire quoi que ce soit. La cavalerie n'existait plus. L'artillerie était démontée. Les hommes enfin, privés depuis longtemps du nécessaire, n'étaient plus capables d'aucun effort matériel. Dans cette même journée du 25, le général Changarnier se rendit en parlementaire au camp du prince Frédéric-Charles pour tâcher d'obtenir à l'armée le droit de se retirer en Algérie. La démarche fut vaine. Le vainqueur résolut de profiter de tous les avantages que lui avaient donnés les négociations du général Boyer. Outre la reddition de l'armée comme prisonnière de guerre, il exigea celle de la ville. Pour avoir négocié quand il fallait se battre, on dut se soumettre à tout. Le 27 octobre, la ratification du protocole fut échangée à 6 heures du soir au château de Frascati, entre les chefs d'état-major général des deux armées. Le 29 octobre, à midi, on pouvait voir des soldats prussiens monter la garde aux portes de Metz.

Nous n'entrerons pas dans le détail de ces deux lamentables journées des 27 et 28 octobre. Que d'autres racontent ces lugubres scènes ; quant à nous, sans nous étendre davantage, nous nous bornerons à résumer l'impression générale que produisit sur nous le dernier acte de la catastrophe.

Le trait dominant de ces deux dernières journées fut un caractère de précipitation extrême. Actions et paroles, tout trahit ce symptôme désolant. Nous ne retracerons pas ici les accusations fausses et gratuites dont cette précipitation fut le sujet. Pour nous qui avons cru sur-le-champ et qui sommes de plus en plus persuadé aujourd'hui que, pour trouver la vérité dans la tragédie de Metz, il faut la demander, ainsi que nous avons cherché à le faire dans cette étude, à des causes purement morales, la précipitation de la dernière heure nous semble rentrer également dans le cercle de ces mêmes faits psychologiques. Nous dirons de la capitulation de Metz ce que l'on dit de la mort d'un homme, pour juger sa vie. S'il n'y a à la fin d'une vie ni calme ni dignité, on dit ordinairement qu'il n'y a eu pendant sa durée ni assez de rectitude de jugement ni assez de droiture d'intention. Qu'on ne s'y trompe pas en effet. L'erreur et la faute furent, non dans la capitulation, mais dans les négociations. Qu'on ne confonde pas l'effet avec la cause. C'est le négociateur qui a causé la capitulation du soldat.

L'armée de Metz prisonnière en Allemagne, c'est un désastre; mais l'armée de Metz désintéressée de la lutte et à la faveur de je ne sais quel compromis se rendant à Lille, par exemple, pour y proclamer son *pronunciamiento*, ç'aurait été le crime et la honte réunis. Nous remercions le sort, quant à nous, d'avoir posé la question d'une façon bien douloureuse, mais non coupable. Sedan avait été la catastrophe de l'Empire; Metz n'a pas eu au moins le malheur ou le temps d'être la catastrophe de la régence.

D'un esprit bienveillant, de goûts simples, d'un courage et d'un sang-froid remarquables parmi les plus remarquables, le maréchal Bazaine a vu avorter ses qualités faute d'une saine fermeté de caractère. Indécis, insouciant, partagé entre mille idées contraires, au fond plus incertain peut-être qu'ambitieux, embarrassé de son propre pouvoir, et plus propre à recevoir l'impulsion qu'à la donner, le maréchal Bazaine était fait pour l'Empire et l'Empire était fait pour lui. Si l'on ajoute à cela une réputation d'habileté dont l'indécision dans les temps ordinaires peut donner l'apparence, on arrivera, je crois, à se faire une idée juste de celui qui, porté naturellement dans des circonstances critiques au commandement général de l'armée du Rhin, ne fut pas à la hauteur de la tâche. Employant de petits moyens et de petits remèdes à conjurer une situation exceptionnelle, il crut qu'il lui suffirait d'être habile dans des conjonctures aussi graves. La plus grande habileté alors, c'était d'être le plus honnête possible. Au milieu du chaos que produisaient la révolution et l'invasion réunies, le mieux était de se battre contre les ennemis du pays, sans chercher à tirer un double parti de cette double épreuve. Puisqu'on avait le bonheur d'être soldat, et soldat doué de grandes facultés militaires, il fallait faire le soldat, rien que le soldat, et s'en remettre à Dieu du reste. Quand tous comprenaient que pour le moment là était le salut et là était le devoir, se détourner volontairement, spontanément du chemin tout tracé pour aller s'égarer dans une impasse sans issue, quel aveuglement et quelle leçon ! Le maréchal Bazaine s'est perdu par la politique, là où la plus simple consigne d'un honnête soldat en faction suffisait pour réussir.

www.ingramcontent.com/pod-product-compliance
Lightning Source LLC
Chambersburg PA
CBHW060908050426
42453CB00010B/1602